AF467469

SOMMAIRE.

La France doit être le magasin du monde. — Système continental. — Richesse et décadence sous l'Empire. — Système des licences. — Plus de droits réunis, plus de conscription. — Ignorance des ministres. — Le marquis de Rivière, sacrificateur de notre Commerce dans le Levant. — Crime de l'èse-douane. — Épée de la France. — Le Dauphin. — Nationale Entreprise. — Le Roi des Pays-Bas. — Villelle. — Science commerciale. — C'est un honneur pour les guerriers, les hommes d'état et les Princes, d'être reçus dans les rangs du Commerce. — M. Canning et lord Liverpool. — Du jeu des rentes; un agent-de-change doit, pour vivre, en traiter annuellement pour un milliard. — Décadence du commerce des soieries, etc. — Entrepôt de Paris. — Déplacement d'un impôt au profit du Commerce et de l'État. — Contagion de l'exemple. — La Pérouse et Botany-Bay. — Colléges de Commerce. — Écoles d'Agriculture. — Le Pacha d'Égypte. — MM. Jacques Laffitte et Casimir Perrier. — Paris port de mer, et gloire immortelle de Charles X. — Exposition de 1827. — Le *Law* moderne. — Secours de 30 millions donnés au Commerce par la loi du 17 octobre 1830. — La politique du coin du feu. — M. Huskisson. — Avantages accordés aux étrangers par le Gouvernement déchu. — La tombe de Louis XVI. — La France produit trop sous le rapport de certains orateurs, mais pas assez de bêtes utiles. — Surabondance d'avocats et de médecins. — Examen de l'ordonnance du 29 avril dernier, et ses erreurs. — *Transit* des tabacs en feuilles, produits chimiques et sucres raffinés. — L'enfant ignare et hermaphrodite de la République et de l'Empire. — On joue au-lieu de commercer. — Nous avons trop de vin. — Nous achetons trop de blés et de bestiaux. — Le fanatique commercial. — La Patrie avant tout.

Paris. Imp. d'Ad. Moessard, rue de Furstemberg, n.° 8 *bis*.

A Monsieur le Comte d'Argout,

Pair de France,

Ministre du Commerce et des Travaux publics.

> Le Commerce est aujourd'hui le premier des intérêts sociaux ; la paix, le bonheur des empires sont attachés à sa prospérité.

Monsieur,

La France, située sur trois mers, adossée à un vaste continent et au pivot de la civilisation, devrait être le magasin du monde, le pays le plus riche de la terre ; mais notre éducation, nos institutions et nos préjugés se sont jusqu'à-présent opposés au développement de l'immense prospérité dont la nature a placé le germe dans notre patrie.

Notre Roi, si franc, si loyal, si patriote, vient de parcourir une partie de nos départemens; vous l'avez accompagné, Monsieur, et, avec les acclamations d'amour qui l'ont partout suivi, vous avez connu les désastres, les plaintes du passé et les espérances de l'avenir; mais, pour faire oublier les uns et pour réaliser les autres, il faut changer de système, et jusqu'ici rien n'indique que l'on y pense.

Cependant, Monsieur, il y a urgence; car, si l'on continue les erremens de la Restauration, dont j'ai signalé les vices dès le 6 novembre 1824, pages 4 à 7 du Prospectus de ma nationale Entreprise, nous aurons de nouvelles faillites, de nouvelles misères, et les ignorans, comme les malveillans, les attribueront à notre glorieuse révolution, tandis que tous nos maux viennent de la Restauration.

Avant d'indiquer ce qu'avec la plus profonde conviction je regarde comme un grand et positif moyen de prospérité, permettez-moi, je vous prie, Monsieur, d'exposer sommairement l'état général de notre Commerce sous l'Empire et la Restauration, prenant le système continental comme point de départ.

Vous savez parfaitement, Monsieur, que la conséquence des décrets de Berlin et de Milan fut l'établissement d'une forte ligne de douane, prolongée des bouches du Cattaro jusqu'à Hambourg.

Derrière ce rempart long-temps inexpugnable, la Normandie, la Picardie, la Champagne, la Flandre, la Belgique, les deux rives du Rhin, l'Alsace, le Languedoc, une fraction du Berry et de l'Anjou, élevèrent la majeure partie des belles fabriques qui, malgré leur état de souffrance, font encore l'orgueil de ces contrées; les toiles de coton, les casimirs, les flanelles, etc., etc., qu'on tirait jusqu'alors de l'Angleterre, se travaillèrent en France.

Les produits chimiques appliqués aux arts et aux manufactures, que nous achetions généralement de nos voisins, se fabriquèrent dans toute la France : la soude factice (*) et le sucre de betterave furent inventés.

(*) Avant cette époque, nous achetions de l'Espagne et de la Sicile toute la soude qui sert à composer le savon.

Les laines s'améliorèrent ainsi que la culture du murier; les cotons furent spontanément cultivés par l'Espagne, la Pouille, la Calâbre et la Grèce; les garances (*) de nos départemens du Nord, du Bas-Rhin et de Vaucluse suffirent à tous les besoins, et, de 1806 à 1813, la plus grande partie de l'Europe ne fut vêtue que des produits de son sol, et presque uniquement de notre propre fabrication.

Le patriotisme français repoussait les marchandises anglaises, le Gouvernement les faisait détruire partout où s'étendait son influence, et en cela il imitait l'exemple donné plusieurs fois par l'Angleterre elle-même.

Aussitôt que, par son décret du 23 novembre 1807, Napoléon eut interdit aux neutres la navigation de la Méditerranée, Smyrne, Constantinople devinrent de grands entrepôts, et Odessa, simple bourgade, fut bientôt une ville florissante.

De ces trois points, aussi bien que de Salonique et de toute la Macédoine, partait et se succédait sans interruption cette multiplicité de marchandises diverses, matières premières que produisent l'Asie, l'Afrique et même l'Amérique; des milliers de bêtes de somme et de chariots, ceci au positif et non pas au figuré, semaient la richesse et la civilisation à travers la Russie méridionale, la Moldavie, la Gallicie, la Moravie, la Valachie et la Hongrie, pour se rendre à Vienne, à Trieste, et de là dans toute la partie de l'Europe continentale civilisée, mais particulièrement en France.

L'Autriche dut comme nous de grands bénéfices à ce mouvement; pendant quatre années l'immense esplanade circulaire qui sépare Vienne de ses faubourgs, ne fut qu'un vaste entrepôt européen, et, dans un travail qui m'avait été demandé, que j'eus l'honneur de remettre, le 23 juillet 1809, à l'empereur Napoléon, alors à Schoënbrun, je prouvai, par des pièces positives, que pendant les trente mois précédens, le transport

(*) Cette racine a tellement produit depuis lors, qu'on teint aujourd'hui, par son moyen, tous les pantalons de nos soldats.

seul des marchandises avait laissé, de Hermanstad à Salsbourg, et de Brody à Scharding, plus de 80 millions de francs.

Milan, Bâle, Strasbourg, Mayence, Francfort, et autres villes de l'intérieur comme de l'extérieur, devinrent de grandes places de commerce : la fortune des Oberkampf, des Ternaux, des Davilliers, des Delessert, des Humann, des Saglio, des Koechlin, comme celle de tant d'autres commerçans honorables passés et présens, se constitua.

Nantes, Saint-Malo, Granville, Dieppe, Boulogne, Calais, Dunkerque, armaient en course : ces opérations, animant l'esprit public, donnaient souvent de grands résultats et toujours du travail. Marseille vivait par les savons et commerçait à l'aide du cabotage armé; les petits ports vivaient de la petite pêche comme à l'ordinaire : celle de la baleine et de la morue n'était pas faite; mais on suppléait à cette dernière par la salaison des *lieux* et autres poissons de ce genre.

Charleville, Verdun, Châlons, Avignon, Toulouse, nos ports de la Meuse, de la Moselle, de la Saône, du Rhône, du Canal Royal, de la Loire et autres rivières, étaient, comme toutes les villes manufacturières, dans un grand état de prospérité; nos rouliers allaient jusqu'à Naples, à Madrid et dans toute l'Allemagne; Bayonne vivait par la guerre; Bordeaux, La Rochelle, le Havre souffraient; mais ce mal local était loin de balancer la somme des biens, et l'histoire dira qu'a aucune autre époque la prospérité de la France ne s'est élevée à un plus haut degré.

Nous n'achetions rien de l'Angleterre; nos eaux-de-vie, indispensables à sa marine (*), étaient, ainsi que les soieries et autres articles, payées avec de l'or par les smogleurs; la livre sterling était au-dessous de

---

(*) Il fut remarqué sur plusieurs escadres anglaises que le rhum, et toujours du rhum, même avec de l'eau, occasionnait de graves maladies chez les marins, tandis que ceux qui buvaient accidentellement de l'eau-de-vie se portaient bien; dès-lors le Gouvernement anglais ordonna d'en distribuer au-moins une fois par semaine à ses hommes de mer, chose qui rendit le *smoglage* fort actif, fort fructueux pour nous, particulièrement à Dunkerque et à Boulogne, où il était autorisé.

15 francs, le pain se vendait à Londres 50 à 60 centimes la livre, et les premières maisons de commerce y refusaient la consignation de riches cargaisons contre la seule avance du fret.

C'était en 1810, l'Angleterre, appauvrie et affamée par ses expéditions militaires, avait la misère pour partage; une révolution y paraissait imminente, et elle allait être vaincue par la cessation seule des rapports commerciaux; mais elle délivra des licences pour importer des grains, des farines de tous les points de l'Europe, par tous navires sous pavillons neutres et avec équipage simulé : cette mesure la sauva.

La France abondait alors en céréales, elles y étaient à vil prix; les propriétaires se plaignant de n'être pas exactement payés par les fermiers, quelques préfets firent des représentations à Napoléon pour permettre l'exportation de nos grains : il résista d'abord; mais on revint à la charge, et il finit par céder, permettant seulement la sortie des farines dont il voulut laisser toute la manipulation à notre industrie : on exporta beaucoup, et les retours se faisaient seulement en espèces. Deux années plus tard, la France elle-même était dans le besoin, et punissait militairement des séditions occasionnées par la chèreté du pain.

Cette infraction au système continental fut suivie du système d'exportation et d'importation au moyen de licences : on permit d'abord les drogueries médicales, puis celles tinctoriales; enfin les poivres, sucres, cafés, et autres denrées dites coloniales. L'empereur Alexandre voulut imiter cet exemple; Napoléon le trouva mauvais; et peut-être l'inconséquente mesure des licences fut-elle, plus que l'occupation du duché de Mecklenbourg, cause de la fatale campagne de Russie. Les désastres de notre armée ouvrirent la Pologne, la Prusse, les villes anséatiques, et bientôt toute l'Espagne au Commerce anglais : des contrées fournies par nous depuis plusieurs années désertèrent nos fabriques; il fallut les soutenir, et Napoléon leur donna des secours. Mais le besoin d'argent, peut-être *plus encore* une fatale influence, lui firent étendre le système des licences : on en abusa pendant la campagne de Leipsick, et nos revers livrèrent aussitôt la Bavière, la Saxe, le Wurtemberg, la Hollande au Commerce anglais, auquel toute l'Italie, la Suisse et la

France elle-même, servirent de débouché pendant les deux invasions.

Le Lieutenant général du Royaume avait dit : *Plus de droits réunis, plus de conscription*, et ses ministres s'empressèrent bien vîte, brusquement, sans réflexions, contre toute raison et sans délai aucun, de réduire presque à zéro les droits d'entrée sur les denrées coloniales et autres (1).

On fut, Monsieur, par cette absurde mesure, réduit à vendre au prix de deux francs le kilogramme des cafés qui, outre le prix d'achat, en avaient payé sept de droits de licences, d'exportation, de fret, d'importation et de consommation. Il en fut de même des sucres et autres articles; mais les drogueries générales, précédemment soumises à des droits énormes, éprouvèrent une dépréciation bien autrement effrayante; elle alla au point que divers articles ne représentèrent plus que 10 p. o/o des impôts qu'ils avaient supportés : tel qui, en 1813, avait payé des curcuma 9 et 10 fr. le kilogramme, ne put les vendre, plusieurs années après, que 80 à 90 centimes; des quinquina et autres articles, sur lesquels l'État avait perçu 14 francs de droits, ne valurent plus qu'un ou deux francs. Des milliers de négocians, et des plus recommandables, succombèrent sous des évènemens qu'aucune prudence humaine n'avait pu prévoir, et dont les suites amenèrent, en 1818, en 1820, et même en 1825, des faillites où certes l'inconduite, la témérité, la mauvaise foi n'étaient pour rien : ceux qui restaient debout étaient plus riches, mais non plus habiles que les autres (2).

La Restauration trouva nos relations maritimes entièrement nulles, le Commerce manufacturier généralement enrichi, et toutes les industries disposées à profiter de la vaste carrière que la paix générale offrait à nos entreprises.

---

(1) Le Commerce se plaignit hautement : on lui promit des indemnités qu'il ne reçut point; mais il vit s'élever successivement le tarif actuel.

(2) Tombé moi-même en état de faillite, ainsi que douze à quinze mille autres négocians, je donnai 62 p. o/o avec mes associés, et, confiant dans mon avenir, je souscrivis le complément de la dette en billets deux à trois ans, qui furent bien payés.

Alors, Monsieur, toutes les spéculations, toutes les pensées se tournèrent vers la mer; les principaux banquiers de Paris formèrent des succursales dans nos ports : on arma, on expédia pour tous les points où s'étendaient nos rapports avant la guerre qui se terminait.

Sortant d'une tourmente qui avait bouleversé l'Europe, dont en définitive la France payait les frais, notre Gouvernement aurait dû éclairer les armateurs, les spéculateurs, et tous ceux enfin qui se livrèrent au grand Commerce; il aurait dû chercher, provoquer de nouveaux débouchés pour écouler la surabondance d'un sol fertile, les produits d'une industrie sans cesse renaissante; alimenter cette industrie par l'introduction de matières premières qui, travaillées et exportées ensuite à une valeur décuple, seraient venues augmenter les revenus publics et particuliers.

Mais, pour renseigner, pour diriger les autres, il faut savoir soi-même, et si les ministères qui se succédèrent sous la Restauration furent souvent ou presque toujours composés d'hommes absolument étrangers à la science commerciale, il en fut de même des agens consulaires; contre un *Pouqueville*, un *Seguier*, un *Masclet*, on en compta vingt dont tout le mérite consistait dans l'exagération de leurs opinions politiques. Plus d'un ambassadeur fut aussi mal-habile, aussi peu français que ce marquis de Rivière, sacrificateur bénévole ou malévole de nos avantages et de nos franchises dans le Levant.

Le Commerce, abandonné ainsi à lui-même, sans boussole, sans point fixe, sans renseignement politique, fit et dut faire des écoles et des fautes; celui qui connaissait des marchés avantageux crut les retrouver encore après quinze ou vingt ans d'interruption, sans songer que d'autres s'en étaient emparés, et que si les arts, les sciences, l'industrie avaient fait des progrès en France, tous nos voisins n'étaient pas restés en arrière.

Il y eut promptement des pertes; elles furent grandes, senties, répétées par toute la France. Quant à moi, j'étais dans un grand état de prospérité; ma maison se trouvait être la première de l'Europe en son genre : c'était en janvier 1818, et je crus devoir, animé d'ailleurs par le patriotisme qui ne s'éteindra qu'avec ma vie, appeler l'attention spéciale du Ministre prépondérant, sur la protection et les avantages que le Commerce devait attendre.

Mais on ne comprit pas ce que je proposais, et, le 6 mars suivant, j'adressai à la Chambre des Députés, avec les développemens nécessaires, une pétition, à l'effet d'obtenir ce qu'on s'obstinait absurdement à refuser.

1.° *Le transit de toutes les marchandises matières premières partant de chacun de nos ports pour toutes nos frontières de terre;*

2.° *Le transit des mêmes matières de port à port par terre;*

3.° *Celui des préparations plombagines, litharges, céruses, minium, et autres produits chimiques étrangers à notre industrie, ou que nous confectionnons moins bien, mais surtout moins économiquement que certains étrangers;*

4.° *Le transit des huiles de toutes natures, proscrit par une* erreur *inconcevable, et entièrement abandonné à nos voisins.*

Cette pétition fut renvoyée par la Chambre au bureau des renseignemens, et j'en adressai des exemplaires imprimés à MM. les Ministres, sans oublier M. le Directeur général des douanes et ses principaux subordonnés.

Mais ces propositions, si faciles à comprendre comme à exécuter, ne furent admises que partiellement en cinq ou six années, avec réticence, et elles ne le sont pas toutes aujourd'hui; de là, Monsieur, mille retards, mille lenteurs dans le mouvement des affaires et la rentrée des fonds: pouvait-il en être autrement quand, par exemple, au-lieu de permettre à un seul colis de marchandise matière première d'aller par terre en quinze à vingt-cinq jours de l'entrepôt du Havre à celui de Marseille, on était forcé de l'expédier par mer? heureux encore si l'on trouvait un navire en charge, si, au-lieu de trois mois, terme à-peu-près ordinaire de cette navigation, il n'en mettait pas cinq ou six. Ces opérations se firent une fois, deux fois; mais elles étaient ruineuses, on y renonça, et le Commerce étranger y gagna d'autant.

Tout ce que l'Angleterre vendait à la Suisse, à l'Allemagne orientale et au nord de l'Italie, en marchandises chères ou légères, aurait dû passer sur notre territoire, payer des tributs à nos ports de la Manche et à notre roulage : c'est le chemin le plus court, le plus direct, le plus économique pour ces contrées, tous les acheteurs l'eussent employé; mais y songer seulement, Monsieur, c'eût été un crime de *lèse-douane* : bien mieux valait en laisser le profit à nos voisins; et, sans notre glorieuse révolution, le cabotage et le roulage n'auraient pas été gratifiés de l'ordonnance du 29 avril dernier, sur le transit des marchandises prohibées. Mais cet acte est imparfait, et j'aime à espérer que vous voudrez bien me pardonner, Monsieur, si j'en signale les réticences et les erreurs.

Les mois de mars et d'avril, année 1818, virent la première et lugubre série des faillites amiables et judiciaires qui, depuis lors, et tous les deux ou trois ans, accablèrent ceux-là même qui se croyaient invulnérables : armateurs, négocians, manufacturiers et boutiquiers, censeurs et régens des banques, juges des Tribunaux de commerce, membres des Chambres de commerce et de la Chambre des Députés, agens-de-change, courtiers, notaires, etc. (*) Cependant, Monsieur, nous étions et sommes encore en pleine paix, toutes les mers nous étaient et nous sont encore ouvertes; qu'arriverait-il donc en temps de guerre!

(*) Mon bailleur de fonds, avec lequel j'étais associé solidaire, succomba alors sous le choc de vingt-deux faillites et de trois banqueroutes frauduleuses qui le frappèrent dans une seule semaine. Je pouvais payer toute sa dette en quelques mois, conserver un bel actif et ma maison de drogueries, qui alors était la première de l'Europe; mais elle portait envie et blessait de grands orgueils. On acheta des titres, et me trouvant dans l'impossibilité d'acquitter *hic et nunc* environ deux millions de francs, on me constitua en état de faillite.

Le Tribunal de commerce et la Cour royale retentirent plusieurs fois, *non pas à ma honte*, des détails scandaleux sur l'administration syndicale. J'obtins contre elle jugement et arrêt, à l'effet de lui faire payer *huit cent mille francs* de dommages et intérêts pour *malversations, dilapidations, spoliations articulées et spécifiées.* En résumé, mon associé, auteur de ma ruine, eut un concordat avec des remises considérables, et malgré mes mémoires, malgré les consultations et les plaidoyers lumineux de mes amis, MM. le baron Locré et Chaix-d'Est-Ange, malgré deux arrêts de la Cour royale, je dus subir un contrat d'union : les créanciers collectifs reçurent chacun 77 fr. 95 c. p. o/o. Ma maison fut perdue, ma vaste clientelle

Au milieu de cet état de malaise et de pertes généralement renaissantes, quelques points de la France étaient cependant en état de prospérité : c'étaient, par notre séparation d'avec la Belgique, *Turcoing* et *Roubaix*, pour les étoffes de laine et de cotons; *Sedan*, *Louviers*, *Vire* et *Lodève*, pour les draps; *Saint-Etienne* et *Rive-de-Gier*, pour les rubans, les fers et les charbons. Prospéraient encore *Paris*, par sa librairie, ses modes, son ébénisterie, les petits articles de goût particuliers à son industrie; *Saint-Quentin*, par ses batistes, tuls, linons et autres légers tissus; *Reims* par ses lainages dits casimirs et mérinos; *Troyes* par sa bonneterie, *Mulhouse* et *l'Alsace* par les toiles peintes, *Tarrare* par les mousselines, *Lyon* et *Nîmes* par les soieries. Mais plus tard, et successivement, ces villes devaient elles-mêmes, et toutes plus ou moins, éprouver des pertes et des désastres.

L'emprunt fait pour libérer la France envers les étrangers, porta les capitalistes vers les spéculations de la bourse, et la banque elle-même, désertant son mandat, qui est d'être l'auxiliaire du Commerce, prêta à tous les gouvernemens; dès-lors l'industrie perdit presqu'entièrement son appui, et, livrée à ses propres forces, elle vit augmenter sa gêne avec la faveur des divers papiers d'état et la fureur du jeu.

Le gouvernement de Louis XVIII ayant résolu la guerre contre l'Espagne, on fut généralement d'opinion en France qu'une rupture avec l'Angleterre était inévitable; le Commerce opéra dans cette hypothèse, et ce fut une erreur ; car cette guerre amena de nouvelles faillites, n'ouvrit aucun nouveau débouché à nos fabriques de feutres, toiles peintes, etc. Quant à moi, Monsieur, j'étais de nouveau en état de prospérité (*), et aussitôt qu'on eut appris, à Paris, la délivrance du roi Fer-

---

connue, je ne touchai point les huit cent mille francs de dommages et intérêts; et un jugement du Tribunal de commerce m'excusa d'une manière honorable.

(*) J'avais alors pour la troisième fois, à l'aide d'un bailleur de fonds, et depuis 1819, reconstitué ma maison de drogueries, redevenue la première de l'Europe en son genre : un inventaire arrêté contradictoirement constata, le 31 décembre 1822, que j'avais depuis lors gagné cinq cent vingt-quatre mille francs.

dinand, j'écrivis à M. de Villelle, disant au premier ministre : *La France vient de retrouver son épée, mais notre Commerce est dans un état de souffrance, le moment est opportun pour le régénérer; et si Votre Excellence veut bien le permettre, j'aurai l'honneur de lui présenter un projet que je conçus il y a plus de vingt ans, et pour lequel j'ai tout fait et tout sacrifié.*

Cette lettre m'introduisit auprès du ministre, avec lequel j'eus plusieurs entretiens. Bientôt je publiai mon premier Prospectus, 12 décembre 1823, demandant seulement *quinze cent mille francs,* pour, avec mon capital, rédimer la France de quelques-uns des tributs honteux qu'elle paie au Commerce étranger, et cette somme fut promptement souscrite. Mais, Monsieur, j'avais éveillé l'attention du roi des Pays-Bas; ce prince appliquait mon plan, le 29 mars suivant, au Commerce de son pays, et, par arrêté du 18 août 1824, il affectait trente-sept millions de francs à son exécution.

Je fus alors appelé chez M. le Dauphin, sans avoir sollicité cette faveur. Accueilli avec bonté par ce Prince, il m'engagea à être toujours d'accord avec M. de Villelle, comme à étendre mon plan; ce que je fis, portant le capital propre à son exécution à la somme de dix millions.

Ce fut une faute grave : dans le premier plan, la société était collective sous mon nom, et je pouvais la constituer seul avec les actionnaires; dans le second plan, cette société était anonyme, et il me fallait l'autorisation du Gouvernement : je m'aperçus trop tard qu'on avait arrêté de ne pas l'accorder.

Je disais dans le deuxième Prospectus, 6 novembre 1824, page 4 à 6:

Le Commerce national, sur lequel pèsent encore les chaînes de la république et de l'empire, comme celles d'une fiscalité *mal entendue et peu profitable à l'État en raison des agens trop nombreux qu'elle exige, le Commerce national, dis-je, ainsi abandonné à lui-même, sans boussole politique, sans renseignemens précis, généraux ou particuliers, fit et dut faire des fautes comme des pertes; les unes* *et les autres sont évidentes*, sans réplique. *Les opérations maritimes ont diminué de toutes parts d'une manière effrayante, et les états de navigation présentés aux Chambres dans la session qui vient de finir, indiquent, pour les deux dernières années, le mouvement dans nos ports de vingt mille six cent soixante-onze navires étrangers, de treize mille trente navires français. Ainsi la balance est chez nous défavorable à notre propre pavillon de sept mille six cent quarante-un navires!!!...*(*)

Tout bon exemple est bon à suivre. Je citerai donc encore l'Angleterre. Son gouvernement, outre les consuls et vice-consuls ordinaires, entretient ou fait voyager sur tous les points importans, d'autres agens qui lui rendent compte de ce qui peut intéresser le Commerce; il veille ainsi sur la fortune de ses négocians, dont nous sommes les tributaires bénévoles.

La nature nous aurait-elle donc marqués d'un cachet réprobateur? On ne peut le croire, en songeant à Sully, à Colbert; encore moins le dire, en voyant tous ces grands hommes qui, depuis Louis XIV jusqu'à nos jours, font le juste orgueil et la gloire de la France.

Mais si, sous le rapport des belles-lettres, des arts et des sciences exactes, nous sommes égaux, souvent supérieurs aux peuples les plus civilisés, il n'en est pas de même de la science commerciale: le Gouvernement ne la fait point enseigner, et les jeunes gens ne l'étudient guère; beaucoup d'individus croient encore aujourd'hui en France, même dans les classes supérieures et aisées de la société, que pour être marchand, manufacturier et négociant, il suffit de savoir écrire, compter, acheter et vendre. Ne voit-on pas journelle-

(*) Des balances aussi affligentes ont toujours été notre partage depuis quinze ans, et vous avez, Monsieur, constaté cette vérité tout récemment, dans un rapport lorsque vous étiez ministre de la marine.

Une école d'économie politique prétend qu'il n'y a pas de balance commerciale; mais quel nom donner aux opérations d'un peuple qui dépense plus qu'il ne reçoit, et vent moins qu'il n'achette.

ment des pères qui ont plusieurs enfans, destiner les plus spirituels à la magistrature, au barreau, à la médecine, aux emplois civils, aux charges ministérielles, et celui de ces enfans qui paraît le moins favorisé de la nature est jeté dans le Commerce. Le premier besoin des peuples est la justice; nous désirons tous sans doute des magistrats intègres et éclairés, des avocats, des administrateurs, des médecins, des officiers civils instruits (1) *: sous ce rapport, nous sommes riches, très-riches; nous n'avons rien à envier aux autres peuples; mais avons-nous dans le Commerce assez de Ternaux, de Chaptal, de Delessert, de Gros-Davilliers, de Balguerie, de Kœchlin, de Poupart de Neuflise, de J.-Ch. Davilliers, de Joly de Saint-Quentin, de Casimir Perrier, d'Oberkampf, de Portal, de Begouen de Meaux, etc.* (2)?

La science commerciale n'est point si rétrécie, ni aussi aride que beaucoup de gens se le persuadent;. école de l'administration et de la politique des empires, elle exige aujourd'hui l'étude de toutes les connaissances humaines (3) *: les grands négocians ou manufacturiers dont les noms précèdent prouvent que l'agriculture, l'histoire naturelle, la chimie, la physique, les arts mécaniques, l'art de parler et d'écrire, les langues étrangères, des connaissances législatives, financières et politiques, entrent dans une science à laquelle la géographie prête tant de charmes et de développemens. Le commerçant, quand la guerre n'en a pas ordonné autrement, est, de son cabinet, en rap-*

---

(1) Je ne parle point de l'état militaire de terre et de mer, parce que le goût et les lois les déterminent.

(2) J'écris en juillet 1831, et cinq de ces hommes honorables, ainsi que leurs maisons secondaires et tant d'autres, ont été frappés par l'adversité, née de l'incurie des ministres de la Restauration.

(3) Les hommes d'état dont s'énorgueillissait alors l'Angleterre, lord *Liverpool* et M. *Canning*, donnèrent un poids immense à mon opinion, en disant, au dîner qui leur fut offert une année plus tard, janvier 1825, par le Commerce de Bristol, que c'était un honneur, *en Angleterre*, pour les guerriers, les hommes d'état et les *Princes* ,d'être reçus dans les rangs du *Commerce.*

port avec vingt peuples, de mœurs et d'habitudes diverses; il prévoit, satisfait leurs besoins, les débarrasse d'une surabondance qu'il va porter ailleurs; et tout en travaillant à sa propre fortune, à la prospérité de sa patrie, il a concouru au bien-être d'hommes ses semblables, que Dieu fit naître dans d'autres climats.

J'envoyai mon Prospectus aux ministres à portefeuille, à MM. les banquiers, agens-de-change et courtiers de commerce, enfin à tous ceux que je présumais s'intéresser à la gloire de notre Commerce et à la prospérité de notre Patrie.

Si des hommes distingués m'accusèrent très-poliment la réception d'un écrit dans lequel je me permets des réflexions qui blesseraient des hommes ordinaires; certains autres, qui mesurent leurs capacités sur leurs prétentions, et dont l'horizon commerciale et politique s'étend jusqu'aux barrières de la capitale, furent irrités de mes observations. J'insultais, selon eux, tout le Gouvernement aussi bien que le Commerce français; mais ne pouvant pas combattre, encore moins réfuter un écrit qu'on peut considérer comme le *Précis exact de notre Commerce avec le monde*, et qu'ils lisaient tous les jours pour leur propre instruction, ils crièrent *haro* sur son auteur. A ces clameurs, compensées d'ailleurs par d'honorables suffrages français et étrangers (1), leur vanité blessée ajoutait la publication *des Moyens d'étendre le Commerce au long cours* (2).

---

(1) Des Suisses, des Belges comptaient en grand nombre pour actionnaires dans mon entreprise, et des Allemands m'écrivaient (*M. de Villellé vit les lettres*), que si notre Gouvernement croyait devoir imiter celui des Pays-Bas, ils rempliraient eux-mêmes la souscription.

(2) Je pulvérisai, le 13 décembre 1824, par une simple circulaire commerciale, cette brochure insignifiante, composée de citations sur les compagnies anglaises, suédoises, danoises, hollandaises, mexicaines, même sur l'ancienne compagnie française de l'Inde, et choses que tout le monde connaît; un tiers de l'écrit, consacré à des statuts puisés dans les vieilles chartes, ne renfermait autre chose que la proposition d'ériger, avec treize millions de francs, une compagnie privilégiée,

Malgré ces menées et tant d'autres si honteuses pour leurs auteurs, une foule de personnes de toutes les classes, de tous les rangs se présentèrent; elles m'apportaient leur argent et demandaient des actions : je fus obligé, malgré toutes représentations, de rester dépositaire, longtemps encore après, des fonds que l'on voulait placer dans une entreprise que je qualifiai de nationale. En résumé, Monsieur, mes efforts et la bienveillance générale furent inutiles; je dus renoncer à l'exécution de mon plan et ne plus voir M. de Villelle. Des compagnies anglaises et prussiennes s'en emparèrent à-peu-près; elles m'y offrirent des intérêts sans mise de fonds, que je n'acceptai pas.

Trompé dans mon patriotique dessein, faisant abnégation complète de tout intérêt personnel, et désirant voir la France ce qu'elle est appelée à être par la nature, le magasin et l'hôtellerie du monde civilisé, j'adressai, le 20 janvier 1825, une pétition à la Chambre des Députés, avec un exemplaire pour chacun de ses membres; j'en remis aussi à la Chambre des Pairs, aux Ministres, au Président du conseil du commerce, au Directeur des douanes, et j'en joindrai un à cet écrit avec un Prospectus de ma nationale Entreprise.

Vous y remarquerez, Monsieur, que, revendiquant l'honneur de quelques améliorations dont on avait doté le Commerce, je disais ensuite, page 2 :

Aujourd'hui, Messieurs, on vous présente un projet de loi pour autoriser le transit des huiles d'olives, *chose que l'on regardait naguère comme une hérésie. Nos caboteurs de la Méditerranée, les mariniers du Canal Royal et du Rhône, les agriculteurs et tout ce qui tient au roulage, Marseille, Avignon, Grenoble, Lyon, Besan-*

---

en tête de laquelle figurerait, suivant les statuts proposés par l'auteur, *un état-major* si nombreux, qu'il eût bientôt dévoré le capital.

Ce factum était publié sous le nom de M. le chevalier Eugène de Bray, conseiller du Roi au conseil général des manufactures, et chef de bataillon de la garde nationale de Paris : tels étaient ses titres, auxquels j'ajouterai ceux de parent et d'ami de M. Desbassyns de Richemont, ami particulier de M. de Villelle.

çon, Belfort, Strasbourg et autres villes, peuvent m'en savoir quelque gré, se réjouir d'un projet qui, converti en loi, augmentera singulièrement le mouvement agricole et commercial, et le produit des impôts indirects dans tous nos départemens placés entre la Méditerranée, la Savoie, la Suisse et l'Allemagne. Mais, Messieurs, ayant reconnu un principe, pourquoi n'en pas faire l'application générale? Ma Pétition du 6 mars 1818 est dans les bureaux de la Chambre, dans les cartons de plus d'un administrateur, et je me plais à penser que ceux qui voudront bien la relire, trouveront convenable de proposer également le transit des huiles animales. Il ne nuira pas plus à nos armateurs que le transit des huiles d'olives à nos cultivateurs: l'un devrait être la conséquence de l'autre; à moins qu'on ne préfère attendre encore sept années de réflexions pour vous proposer une mesure que j'ai provoquée, et qui est tout entière à l'avantage de l'État.

Mais ce projet, dont je revendiquais (*) l'honneur, ne fut converti en loi que le 17 mai 1826, et si pendant huit années l'ouvrier perdit un travail qu'il était facile de lui procurer; si l'agriculture, le Commerce et le roulage n'encaissèrent pas les bénéfices que le transit des huiles aurait produit; si les impôts sur le papier timbré, sur les boissons, sur les voitures publiques et autres, et si le mouvement commercial, aujourd'hui si nécessaire à la prospérité comme à la paix des empires, ne furent pas augmentés, l'on doit encore s'en prendre à ceux qui gouvernaient alors.

J'appelais encore l'attention du Gouvernement et celle des Chambres

---

(*) Le droit d'entrée sur le quinquina était alors de trois francs par kilogramme; mais, à la session de 1825, il fut réduit à cinquante centimes; cette mesure, que j'avais demandée, ainsi que beaucoup d'autres, dans l'intérêt bien entendue du Commerce, de la morale et du trésor, dès le 24 décembre 1819, assure à la France la fabrication presque exclusive du *sulfate de quinine*, dans la préparation duquel il faut employer l'esprit-de-vin, les acides de nos fabriques, etc., etc.

sur le jeu (1), sur les soieries, branche si importante de notre industrie; mais les ministres qui avaient long-temps refusé le transit des soies brutes pour le laisser aux Suisses, aux Allemands, aux Hollandais, s'inquiétèrent peu de mon avertissement, et leur incurie a depuis lors triplé le travail de *Spitafields*, *Coventry*, *Nothingham*, *Büxton*, *Manchester*, *Elberfeld*, *Creveld*, *Barmen*, *Annaberg*, *Zurich*, *Bâle*, etc., au détriment de *Lyon*, *Nîmes*, *Avignon*, *Paris*, *Saint-Chamond*, *Saint-Étienne* et autres villes. Chaque peuple a certainement le droit d'exercer et d'étendre son industrie, comme chaque homme a droit à tout le bonheur que comporte l'humanité; mais la famille, la Patrie avant tout, et c'est au nom de leurs intérêts que j'appelle, Monsieur,

(*) Le jeu s'est communiqué de la Bourse des changes et des fonds publics à la Bourse de Commerce; cette peste est même entrée dans les comptoirs, dans les boutiques, et elle ira chez la blanchisseuse : car on joue les savons; cent tonnes d'huiles ou autres marchandises se vendent de vingt à cent fois de suite sans déplacement, sans qu'elles existent; chose tout-à-fait inutile pour parier que, dans tel mois, le cours sera à tel prix. Le plus heureux ou le plus habile en fait d'avis ou de nouvelles encaisse les bénéfices. Certains observateurs prétendent que tout joueur finit par mourir à l'hôpital ou sur l'échafaud; si cette remarque était rigoureusement vraie, beaucoup de gens n'auraient pas un bel avenir, et la société tendrait à sa prompte démoralisation. D'autres disent aussi qu'au-lieu de dégénérer, la société s'améliore journellement ainsi que notre prospérité*. Cette différence dans la manière d'observer et de juger les choses, tient tout simplement à savoir si le jeu est une vertu ou un vice : si c'est une vertu, nous sommes six fois plus vertueux en 1825 qu'en 1818; car à cette époque, une charge d'agent-de-change ou de joueur légal ne se vendait que cent cinquante mille francs, tandis qu'il vient de s'en payer une plus de neuf cent mille. Pour solder cette acquisition, gagner l'intérêt du capital qu'elle représente, et défrayer sa maison, l'acquéreur, avec 1/8 pour cent de commission, n'a que pour un *milliard* d'affaires en rentes à traiter !....

* Les nombreuses maisons que l'on voit chaque jour s'élever dans Paris, année 1825, sont moins un signe de prospérité qu'un indice de l'accroissement de notre population, du goût que toutes les classes ont depuis vingt-cinq ans pour être mieux logées, du besoin qu'éprouvent certains capitalistes de placer sûrement des fonds qu'un défaut de commerce laisserait sans emploi : il paraît d'ailleurs que l'engouement de construire des maisons est arrivé à son dernier période; car déjà les terrains se vendent moins cher.

votre attention sur une fabrication qui pendant long-temps nous fut presque exclusive, mais qui nous échappera avant quatre ou cinq années, si nous n'y portons pas une sérieuse attention.

La Chambre des Pairs renvoya ma Pétition au bureau des renseignemens; pareil honneur lui fut accordé le 19 mars par la Chambre des Députés, et le 25 du même mois, le ministère anglais (1), par l'organe de M. Huskisson, l'un de ses membres, proposait au Parlement britannique l'adoption des principes que j'avais indiqués à notre propre ministère.

Je vais, Monsieur le Ministre, reproduire ici les moyens de prospérité que je proposais; ils consistent dans le seul déplacement d'un impôt, et je les considère de plus en plus comme le meilleur de tous les systèmes commerciaux.

PREMIER MOYEN.

Admettre dans nos ports, en franchise de tous droits de douane, par navires français, jaugeant au-moins cent tonneaux, et venant de tous les points du globe, toutes les matières premières de la terre, étrangères à notre sol et à celui de nos colonies.

Cette idée, contraire aux règles mises en pratique, n'est autre chose, Messieurs (2), *qu'un développement du principe des* ports francs *et de celui du* transit : *l'un et l'autre sont assujétis à une foule de formalités, au paiement de frais* (3) *qui agissent aussi bien sur des*

(1) Le ministère Canning.

(2) J'emploie le mot Messieurs, parce que je parlais à la Chambre des Députés, 20 janvier 1825.

(3) Cent balles de *cacao*, *curcuma*, etc., sont obligées, pour se rendre, par exemple, du Havre en Allemagne, de payer au départ, outre l'acquit-à-caution, un double emballage et un double plombage; des marchandises en baril ou barrique sont assujéties à quatre plombs ; chacun d'eux, avec sa corde, est taxé à cinquante centimes, ou deux francs par baril; chose qui, en totalité, vaut quarante à cinquante centimes. Mais ce n'est pas tout, car les plombs du Havre sont coupés à

matières de peu de valeur que sur celles d'un prix élevé; frais qui deviennent en quelque sorte prohibitifs; car, les ajoutant par calcul au prix d'une marchandise existant dans nos ports, celui de nos voisins auquel la marchandise pouvait convenir, reconnaît de suite qu'il lui est plus profitable d'acheter dans d'autres marchés, quoique bien plus éloignés que les nôtres.

L'adoption du moyen que j'ai l'honneur de proposer pourrait, Messieurs, faire perdre vingt à vingt-cinq millions chaque année à la caisse des Douanes; mais il les ferait retomber immédiatement, par d'autres canaux, dans toutes les autres caisses des impositions indirectes : l'État n'y perdrait rien, et j'en ai la plus intime conviction; *l'impôt serait seulement déplacé, avec l'avantage d'en faire payer la majeure partie par les négocians espagnols, italiens, suisses, bavarois, autrichiens, saxons, polonais, russes et allemands méridionaux, qui, voyant nos ports couverts des matières premières de toute la terre, viendraient remplir nos auberges, couvrir nos grandes routes de voitures, de diligences, de chariots, et consommer la surabondance de nos produits agricoles, en achetant les produits de nos fabriques, débarrassées elles-mêmes de plusieurs entraves et de plusieurs impôts, qui, plus gênans que producteurs, atteindraient bientôt un grand degré de prospérité.*

Quant au Gouvernement, sa part, dans ce mouvement général, serait une augmentation positive et toujours progressive dans les impôts sur les boissons, les tabacs, les diligences, les patentes, le papier timbré, les postes, et dans cette foule d'autres petits produits qui naissent des transactions journalières occasionnées par le commerce et le travail. Ce dernier, quand il est assuré, fait naître la

---

Strasbourg, où la Douane de cette ville les remplace par des plombs neufs, qu'elle fait encore payer pour aller de là jusqu'à un quart de lieue au bord du *Rhin*. Aux termes de la Circulaire administrative, n.° 299, le produit net de tous ces plombs est partagé entre Messieurs les Officiers des Douanes, à l'exclusion des employés subalternes. (*Quelques-uns des abus signalés dans cette note furent diminués.*)

sécurité, l'aisance, le bonheur; il crée des besoins réels ou imaginaires, qui alimentent, accroissent et décuplent journellement les richesses de l'État.

Aussitôt après l'admission du moyen que j'ai l'honneur de proposer, nos armateurs découragés, ou qui liquident, ceux dont la fortune vient tout récemment de sombrer (1), *prépareraient leurs navires stationnaires ou en désarmement, pour envoyer prendre sur tous les points du monde, non les éternels sucres et cafés, qui depuis longtemps ne leur offrent que des pertes, et dont nos entrepôts sont toujours encombrés, mais cette multitude de riches productions de toute la terre, nécessaires à la médecine, aux sciences, aux arts, à la fabrication, et que nous achetons si niaisement dans les marchés du Continent: bientôt la France fournirait l'Europe, en totalité ou en partie, d'aloës, salsepareille, ipécacuanha, vanille, baume de Copahu, du Pérou et autres, gommes, benjoin, rathania, gutte, myrrhe, laque, élastiques, gaïac, ambre, et autres, huiles diverses, quinquina, jalap, indigo* (2), *mercure, camphre, cannelle, thés, rhubarbe, muscades, cinamomum, cachou, badiane, salep, musc, semen-contra, serpentaire, poligala, lac-dye, et d'une multitude d'autres marchandises dont la nomenclature serait trop fastidieuse* (3), *et qui remplissent aujourd'hui les vastes et nombreux magasins de Londres, ainsi que ceux de Hambourg, Amsterdam, Anvers, Cadix, Gênes, Trieste, etc., où nous allons les chercher.*

Les hommes sont plus ou moins imitateurs; on prend sans s'en douter, et imperceptiblement, un peu des habitudes ou toutes les habi-

---

(1) De nombreuses faillites avaient de nouveau éclaté dans les mois précédens.

(2) Nous cultivons l'indigo au Sénégal, mais avec si peu de succès que, vu l'importance de ce commerce, je n'hésite pas à le classer parmi les articles étrangers à notre culture.

(3) On la trouvera aux articles Havre, Nantes, Bordeaux, Marseille, du Prospectus de ma nationale Entreprise, 6 novembre 1824, ou au Résumé général dudit écrit.

tudes de celui qui plaît et que l'on voit souvent(1), *et comme nos usages, l'aménité de nos mœurs plaisent en général à tous les peuples qui ont pu les connaître, montrons-nous donc le plus possible, et les contrées lointaines voudront bientôt posséder nos produits agricoles et manufacturiers, ceux de nos sciences, de nos arts, et même les frivolités de notre mode et de nos goûts. Instruits d'ailleurs qu'une grande franchise serait accordée à notre pavillon, ces peuples nous adresseraient incessamment, par nos propres navires, tout ou au-moins partie des consignations qu'ils dirigent aujourd'hui exclusivement chez nos voisins, dont ils emplettent nécessairement les produits. Alors, Messieurs, le trop grand nombre de nos matelots qui, par manque d'emploi en France, servent aujourd'hui sur des bords étrangers, viendraient augmenter nos équipages; point important, et l'un des motifs du projet de loi sur les Douanes, qui vous est présenté, article* Pêche.

Je disais encore, dans ma Pétition, qu'on ne devait pas attendre que l'Angleterre se fût impatronisée au Mexique, au Chili et au Pérou, comme elle venait de le faire au Brésil, et que l'envoi d'un diplomate habile comme *Sir Charles Stuard* méritait notre attention.

Je disais enfin, ce qui est de plus en plus vrai, que la mer Pacifique apercevait rarement notre pavillon, que le golfe Persique ne le voyait jamais, et que sans les courageux mais inutiles efforts de quelques armateurs bordelais (2), les vastes mers de l'Inde, où nos comptoirs sont imperceptibles, oublieraient bientôt la bannière si glorieusement illustrée par *Suffren*. Quant aux découvertes faites dans l'Australasie par l'infortuné *La Pérouse*, les *d'Entrecasteaux*, les *Bougainville*, les

---

(1) L'exemple est tellement contagieux, que les Anglais ont, au préjudice du cacao, introduit l'usage du thé au Brésil; chacun sait cependant que cette boisson est loin d'être salutaire dans les pays où la chaleur domine presque sans interruption.

(2) J'écrivais ceci en 1825, et depuis lors la majeure partie de ces armateurs est ruinée ou a perdu beaucoup de ses capitaux.

Baudin, les *Freycinet*, elles ont servi les sciences naturelles et nautiques; mais qu'ont-elles produit pour le Commerce, pour le pauvre, pour le bien-être général de la société? Rien, pas même un Botany-bay (1).

Vous avez vu, Messieurs, que j'estimais la perte que pourrait faire la caisse des douanes à la somme de vingt-cinq à trente millions (2), *pour* admettre en franchise, à la consommation intérieure, toutes les matières premières de la terre, étrangères à notre sol et à celui de nos Colonies. *Vous avez également vu comment ce débet serait couvert par les autres impôts indirects; mais, Messieurs, tous les avantages de mon système ne sont pas encore développés.*

La fabrication des tissus, soie, laine, fil et coton, la pharmacie, l'épicerie, la chapellerie, la peinture, le décorateur, le coloriste, le confiseur, le parfumeur, le teinturier, le distillateur, le doreur, le vernisseur, etc., etc., payent un tribut aux douanes pour les matières premières, étrangères à notre sol et à celui de nos colonies; les débarrasser de ce tribut, c'est ouvrir avec avantage à nos fabriques, à nos artisans, tous les marchés de la terre, et, en outre, faire de la France l'hôtellerie et le plus vaste magasin du monde. En effet, Lille, Valenciennes, Charleville, Metz, Strasbourg, Saint-Louis, Belfort, Besançon, Lyon, Grenoble, Perpignan, Montpellier, Toulouse, *et toutes les autres villes placées en deuxième ligne sur nos frontières de terre, deviendraient, comme nos ports, autant d'entrepôts, où les négocians étrangers trouveraient en tous temps, pour emporter à volonté et sans obstacles, les* thés, indigos, quinquina, muscades, can-

---

(1) Il vient d'arriver à *Londres,* disais-je en 1825, deux navires, l'un de quatre cents, l'autre de cinq cents tonneaux, chargés des produits d'une colonie où sont exilés ceux que la société rejette de son sein : là, des hommes dégradés, consolés par la religion, ont, avec le travail, retrouvé l'aisance, leur dignité et le bonheur; et sur une terre où, il y a cinquante-quatre années, *Cook* ne trouva que l'idolâtrie, l'ignorance et la misère, on prêche l'Évangile, on jouit de tous les bienfaits de la civilisation. *Port-Jackson* et *Sidney* n'ont rien à envier aux villes de la vieille Europe.

(2) Aujourd'hui 18 juillet 1831, cette estimation est trop élevée.

nelle, poivre, rhubarbe, piment, gommes diverses, bois de teintures, etc.; *bientôt cette innombrable quantité de caisses, barriques, balles ou ballots qui gisent orgueilleusement dans les vastes magasins de Londres, d'Amsterdam et d'autres places, viendraient, du-moins en partie, augmenter les moyens de travail, les loyers de nos maisons et les revenus de l'État.*

La ville de Paris aurait nécessairement, si mon système était adopté, la plus belle part dans ce mouvement, et cela par l'attraction que les écus exercent sur la marchandise. Chaque maison de négociant, de banquier, de commissionnaire de roulage, serait, pour ainsi dire, un port véritablement franc, d'où l'expédition de toutes les matières premières, étrangères à notre sol et à celui de nos colonies, pourrait se faire, sans entraves et à volonté, pour tous les points du monde; cela ne gâterait rien à l'entrepôt que le Commerce de Paris sollicite du Gouvernement (*), *et dont alors l'importance se*

(*) Un entrepôt serait avantageux au Commerce de Paris, et sous l'empire de notre charte, ce serait un droit comme un acte de justice distributive; mais cette affaire de ménage ne ferait guère plus pour la prospérité générale du Commerce, que le petit cabotage de *port à port.* Tout cela n'est qu'un déplacement intérieur, qui peut bien apporter une différence favorable dans le mouvement et la richesse d'une ville, mais toujours au détriment d'une autre ville du même empire. Il faut d'autres mesures pour améliorer notre Commerce, et faire renoncer au jeu, ou en diminuer la fureur. Un écrit *des Entrepôts intérieurs,* présente année 1825, traite assez victorieusement la question de l'entrepôt de Paris, mais renferme des erreurs, surtout quand l'auteur (*) dit, page 36 : *L'expérience a prouvé qu'on ne jouait jamais que sur les marchandises d'une consommation courante, d'un accaparement facile, et dont les existences ne sont presque jamais susceptibles d'excéder la consommation : telles sont,* dit M. Larregny, *les eaux-de-vie, les huiles, les riz, les cafés.* Mais l'expérience n'a-t-elle pas prouvé au contraire que l'on joue tout ce qui existe comme ce qui n'existe pas? D'ailleurs, après avoir *accaparé* tout ce qui existe en eaux-de-vie dans les marchés de *Paris,* de *Cognac, Jarnac, Bor-*

(*) M. Larregny, préfet de la Charente en 1831, loin de se fâcher de ma critique, voulut bien, par une lettre fort polie, me témoigner sa reconnaissance du soin que j'avais mis à lire son écrit.

trouverait réduite aux sucres, cafés, cacao, gomme du Sénégal, girofle, cannefice, rocour, et à quelques articles insignifians de l'île de Cayenne et du Sénégal.

Avant de passer à mon deuxième moyen, permettez, je vous prie, Messieurs, que je vous reporte au Prospectus *de ma nationale Entreprise; j'y ai dit, et le Cabinet britannique paraît en être convaincu, que la science commerciale est l'école de l'administration et de la politique des empires. S'il en est ainsi, comme je le pense, pourquoi donc ne pas la faire enseigner?*

Nous avons des écoles justement célèbres pour la magistrature et le barreau, pour la médecine, l'histoire naturelle, les ponts-et-chaussées, les mines; nous en possédons pour enseigner les sciences exactes, les arts libéraux, etc., etc.; nous en avons d'autres où l'on

---

deaux, *Lunel*, *Pezenas*, etc., il faudrait encore *accaparer* tout ce que produisent les royaumes de *Naples* et d'*Espagne*, aussi bien que ce que rendraient les vins qui encombrent nos celliers, et qui seraient promptement convertis en spiritueux.

Après avoir *accaparé* toutes les huiles de graines ou de fruits, produites par la Normandie, la Picardie, l'Artois, la Flandre, la Champagne, la Bourgogne, l'Alsace, la Franche-Comté, le Dauphiné, la Provence et le Languedoc, il faudrait ensuite *accaparer* les immenses productions de toute l'Italie, celles de l'Archipel grec; tandis que de nouvelles récoltes, ou seulement leurs apparences, détruiraient *l'accaparement*. N'en serait-il pas de même des riz; car, après avoir *accaparé* toutes les productions de l'Italie, de la Romanie, de la Natolie, de l'Égypte, et même des États-Unis de l'Amérique du Nord, qui ne serait pas effrayé des renforts que peuvent presque toujours fournir les vastes plaines et les greniers de l'Inde?

Quant au café, il n'y a eu qu'une époque unique pour *l'accaparement* : c'était de 1817 à 1818. J'en ai déduit les motifs dans un autre écrit, et j'avais aperçu *la cause avant l'effet*. Si je n'en profitai pas alors, c'est qu'il y a des gens qui ne voyent rien, et que la haîne gâte tout. Aujourd'hui, quelle est la fortune, quelle est l'association qui pourrait *accaparer* les cafés existant dans tous les marchés de la terre, et maintenir leur prix sans redouter les productions journellement croissantes de l'Asie, de l'Afrique, mais surtout celles de la vaste Amérique.

(*Cette note est du* 20 *janvier* 1825.)

enseigne à amuser, même à tuer les hommes, à pied et à cheval, choses que l'on ne pourrait blâmer sans folie, puisque toutes ces institutions font notre gloire et notre sûreté; mais, à l'exception de quelques établissemens particuliers, en trop petit nombre, je ne vois nulle part d'école d'agriculture (1) *et de commerce* fondée par le Gouvernement. *Le premier des arts, et la science qui, plus que toute autre, contribue au bien-être de l'homme, à la prospérité des empires, ne mériterait-il pas cet honneur? N'est-ce point, Messieurs, une lacune dans notre organisation sociale, la cause première de l'état misérable de notre Commerce? et pour la faire disparaître, j'ai l'honneur de vous proposer ce qui suit.*

DEUXIÈME MOYEN.

La formation d'un Collége de Commerce dans chacune des villes de Marseille, Bordeaux et Rouen, fixé à *cent Elèves*, dont dix boursiers, et où l'on enseignerait exclusivement (2);

A MARSEILLE :

1.° *La géographie physique, descriptive, morale et politique;*
2.° *Un peu d'astronomie applicable à la navigation;*
3.° *Les langues espagnole, italienne, turque, et le grec vulgaire;*
4.° *Les élémens de la chimie.*
5.° *La législation commerciale;*

---

(1) L'établissement de Grignon fut conçu depuis ma Pétition; mais M. de Montalivet, ministre de l'instruction publique, en faisant dernièrement acheter des instrumens aratoires à la ferme de Roville, pour être donnés aux agriculteurs, a plus fait à cet égard que tous les ministres de la Restauration.

(2) Il en serait de l'établissement des Collèges du Commerce sur la prospérité publique, ce qu'il en a été de l'Ecole polytechnique sur les sciences exactes et l'art militaire.

Une École pour les *Consuls du Commerce* me paraîtrait également nécessaire à la France. Souvent la faveur les désigne plus que le mérite, et tous, comme je l'ai déjà dit, ne sont pas des *Pouqueville,* des *Seguiers* et des *Masclet.*

6.° *La tenue des livres et les changes;*

7.° *Un cours complet d'histoire naturelle, ou plutôt de toutes les matières premières commerciales de la terre, de manière à acquérir leur connaissance physique, celle des lieux de production et de consommation la plus habituelle, avec leur usage et leur emploi.*

A BORDEAUX :

Pour langues, l'espagnol, le portugais, l'allemand et l'anglais; le reste comme à Marseille.

A ROUEN :

Comme à Bordeaux; *mais le hollandais au-lieu de l'allemand : plus, un cours de chimie applicable à la teinture, avec quelques notions sur les arts mécaniques.*

Les élèves seraient admis à l'âge de onze à treize ans; ils devraient alors savoir bien écrire, connaître la langue française, l'arithmétique; et l'éducation totale serait terminée au plus tard à vingt ans. Les arts d'agrément sont ordinairement l'occupation de ceux qui en ont le génie, ou qui en font leur état, ou enfin des gens oisifs; ils ne seraient point enseignés dans les colléges du Commerce.

L'histoire s'apprend facilement sans maître; cependant elle serait enseignée avec les langues vivantes, dont il faudrait se servir pour tous les besoins de la vie : c'est la meilleure de toutes les méthodes. Quant aux auteurs classiques grecs et latins, dont la connaissance est indispensable à ceux qui se destinent à la magistrature, à la médecine, au barreau, au sacerdoce, leur étude, depuis tant de belles productions, est à-peu-près inutile, ou au-moins secondaire pour un négociant : le grec vulgaire, le turc ou l'italien lui sont d'ailleurs indispensables pour visiter le Levant avec fruit; et les langues du Camoëns, *de* Cervantès, *de* Pope *et de* Gessner, *lui serviront beaucoup mieux pour parcourir une partie de l'Europe, de l'Asie et de l'Amérique, que les langues d'*Homère *et de* Virgile.

J'ai dit plus haut, Monsieur, que le ministère britannique, *celui de M. Canning*, avait adopté et continue aujourd'hui de suivre les principes dont j'avais proposé l'adoption à notre Gouvernement; si nos *hommes d'état* eussent eu, je ne dirai pas un peu de patriotisme, mais le moindre désir censé de rester en place et de se concilier l'estime et l'affection publiques, ne devaient-ils pas examiner ou faire examiner mes propositions, apprécier et fixer par la caisse des douanes les recettes annuelles qu'occasionnait l'entrée en consommation de toutes les matières premières étrangères à notre sol et à celui de nos colonies, puis supputer et évaluer ce que l'adoption de ma proposition eût fait verser dans les autres caisses publiques?

Ayant adopté en principe la restitution des droits de douane perçus sur les sucres bruts, quand nous les exportons raffinés, pourquoi donc nos *hommes d'état* n'admettaient-ils pas également un *drawback* à la réexportation de certaines matières, du camphre, par exemple, que nous raffinons si bien, et que nous vendrions à l'Espagne, à l'Italie, à la Suisse et à une partie de l'Allemagne? Je le sollicitai vainement plusieurs fois; aussi le commerce des matières premières exotiques, renfermées sous le nom générique de drogueries, celui qui procure le plus de richesse et entraîne avec lui tous les autres commerce, celui qui fit la prospérité de Gênes, de Venise, de Cadix, de la Hollande, et qui constitue principalement aujourd'hui celle de Trieste et de l'Angleterre, est-il entièrement tombé en France. Veuillez, je vous prie, Monsieur, dans l'intérêt de notre chère patrie, demander un rapport aux douanes à cet égard; vous reconnaîtrez bientôt que cet important commerce, source de toute richesse industrielle, est presque nul de la France à l'étranger. Cependant, Monsieur, il eut quelque activité de 1815 à 1819, de 1820 à 1825, des ports de Calais, Rouen, Hâvre, Nantes, Bordeaux, Marseille et autres, pour l'Italie, la Suisse, l'Allemagne et même les Pays-Bas, par terre et par mer; mais ce fut quand j'y imprimais plus que personne un mouvement qui n'existe plus.

Trois mois après ma Pétition du 20 janvier 1825, soixante-douze des premiers négocians de la capitale adressèrent au Roi une Pétition, par laquelle ils demandaient également que le Gouvernement voulût bien traiter avec les États du Nouveau-Monde, à l'effet d'ouvrir des débouchés à notre Commerce : nos *ministres* ne tinrent aucun compte de cette prière, et, depuis lors, la moitié de ces négocians pétitionnaires ont, avec tant d'autres, perdu leurs fortunes et leurs établissemens.

MM. Jacques Laffitte et Casimir Perrier, mus par le patriotisme qui les distingue si éminemment, avaient conçu l'idée d'une société commanditaire de l'industrie; un capital de cent millions de francs devait être affecté à cette association, dans laquelle de grandes notabilités nationales et étrangères prenaient intérêt; mais les *hommes d'état* qui avaient rejeté ma nationale Entreprise refusèrent aussi l'ordonnance qui aurait permis à de grands citoyens d'aider l'industrie de leurs lumières et de leurs capitaux.

Pour adoucir vraisemblablement la fâcheuse impression occasionnée par ces refus, le Gouvernement, qui n'accordait pas un entrepôt au Commerce de Paris, mit en avant *Paris port de mer*. Vous savez, Monsieur, combien ce projet fut loué, admiré et exalté : de ce jour datait la gloire de Charles X, et elle serait immortelle; *Paris* devait être bientôt, non pas la rivale, mais la sœur de Londres, et *Paris port de mer* était la plus grande pensée du siècle (*). Cependant, Monsieur, ce n'eût été qu'un port de plus, et la France n'en a pas besoin. Quel empire mieux que notre patrie est placé pour être le magasin du monde? Quel contrée de l'Europe présente cette multitude de ports en tous temps abordables, qui, sur trois mers, s'étendent de Dunkerque à Saint-Jean-de-Luz, et de Port-Vendre à Antibes, pour être en rapports immédiats et constans, non-seulement avec les parties les plus lointaines de la terre, mais avec les consommateurs européens? Certainement, Monsieur, ce n'est pas la Hollande, encore moins le Dannemarck, la Prusse, la Russie ni la Suède : leurs eaux sont congelées un tiers de l'année,

(*) Dans une lettre adressée au Constitutionnel, je me permis d'examiner ce projet sous le rapport commercial seulement; mais l'impression de ma critique fut refusée.

et tous leurs rapports extérieurs brisés pendant ce temps. Ce n'est pas l'Espagne, le Portugal, l'Italie, dominés, appauvris par des gouvernemens plus stupides, plus oppresseurs et plus féroces les uns que les autres. Redoutons-nous les Barbaresques, la Grèce, les Turcs et l'Égypte? Non certainement. Ainsi, Monsieur, nous n'avons donc pour rivale, ou plutôt pour émule, que l'Angleterre, dont la suprématie commerciale pour toutes les matières premières de la terre, étrangères à notre sol ou à celui de nos colonies, tombera ou sera partagée par nous du moment où le Gouvernement français le voudra sérieusement.

Les côtes de l'Angleterre sont généralement escarpées; ses ports, ses rades ne sont pas toujours abordables comme les nôtres, les sinistres y sont plus fréquens, et les primes d'assurances plus élevées que chez nous; tout est cher dans cette contrée, et quand une matière première y est débarquée, elle se trouve aussitôt frappée de frais en tous genres tellement extraordinaires, que la marchandise s'en trouve bientôt augmentée de 15 à 20 pour cent de sa valeur; cette augmentation s'élève même quelquefois de 40 à 50 pour cent, surtout si le prix de la marchandise est relativement minime; cela par la raison que le fret, les frais de débarquement, ceux de mise en magasins et autres, agissent aussi bien sur cette dernière que sur les marchandises de prix.

Mais ce n'est pas tout encore, Monsieur; quand un consommateur européen fait quelques demandes de matières premières en Angleterre, il doit, outre les frais déjà précités dont la marchandise est chargée, payer, avec les commissions de courtage et d'achat, autant de frais pour embarquer la marchandise qu'elle en a supporté pour sa mise en magasin; et ces frais sont exorbitans.

Jusque là, bien qu'embarquée, la marchandise est encore en Angleterre; mais, avant d'être à sa destination, elle doit supporter une nouvelle navigation, de nouvelles assurances, de nouveaux frais en tous genres comme de nouvelles commissions, dans un port du Continent; et si ensuite cette marchandise est destinée au transit, jugez, Monsieur, la différence énorme qu'il y a entre sa valeur primitive et le prix auquel elle revient, non-seulement à nous, *tributaires bénévoles* de l'Angleterre, mais à nos voisins les Italiens, les Suisses, les Allemands et autres, qui verraient avec grand plaisir et à leur profit, nos ports et nos principales villes constamment approvisionnées des matières premières qu'ils vont acheter à grands frais en Angleterre, et qu'ils paieraient relativement si bon marché chez nous, où ces marchandises arriveraient directement sans échelle des lieux de productions.

Ce serait alors, Monsieur, que tous nos voisins, et grand nombre de tous les Européens qui, dans leurs voyages énormément couteux en Angleterre, y achettent, pour eux, leurs familles, leurs amis ou leur clientelle, tant et tant de marchandises manufacturées, les empletteraient nécessairement chez nous, où, comparativement avec l'Angleterre, on vit à si bon compte;ce serait alors, Monsieur, que les impôts *indirects* de toute nature rendraient bien au-delà des sommes que perdrait la caisse des douanes: supérieurs comme nous le sommes vis-à-vis de nos voisins, dans la fabrication des soieries, des draps et autres lainages, dans la ganterie, dans la parfumerie, dans l'ébénisterie, dans l'horlogerie, dans l'imprimerie, dans les bronzes, dans la fabrication de certaines armes, etc , etc., et leurs égaux ou leurs rivaux en coutellerie, en produits chimiques, en bijouterie, tabletterie, bonneterie, nous aurions bientôt partagé le Commerce de l'Angleterre.

Le Roi des Pays-Bas avait, en 1826, proposé un arrangement commercial à notre Gouvernement, et il eût été assez favorable aux deux pays; mais il fut rejeté aussi bien que le commerce de l'Égypte, dont le Pacha (*) voulait doter la France, et qui, pour la plus grande partie, est tombé en partage à l'Angleterre.

Toutes ces fautes, volontaires ou non, amenèrent de nouvelles pertes,

---

(*) L'agent de ce Gouvernement resta, sans succès, pendant trois mois à Paris. Je l'avais connu dans le Levant ; je le voyais deux à trois fois par semaine : il me racontait ses doléances ; mais ennuyé de n'avancer à rien et de n'être pas compris, il se rendit à Londres, où en moins de dix jours il avait traité.

de nouvelles faillites (*), dans le grand Commerce aussi bien que dans la fabrication; mais une exposition des produits de l'industrie fut annoncée pour l'année 1827, et l'on espéra généralement qu'elle contribuerait à redonner de l'activité à nos relations.

Vous savez, Monsieur, que tous les genres de fabrication se distinguèrent à cette occasion : des Anglais, des Allemands, des Suisses, des Belges, vinrent tout exprès à Paris, pour visiter le grand et noble basar du Louvre; tous furent frappés de notre supériorité dans un grand nombre de parties, et le Commerce, rendu joyeux par ces approbations étrangères, espéra beaucoup des suites de cette solennité industrielle.

Mais ce fut une erreur; nos *hommes d'état*, gouvernés comme ils le furent toujours par une politique méticuleuse, égoïste, toute de personnes et de coin du feu, crurent avoir beaucoup fait en donnant des médailles aux plus habiles, et ils en restèrent là.

Qu'attendre en effet de l'endormi, de l'englacé Corbière, ministre de l'Intérieur et du Commerce, qui, au sacre du Roi Charles X à Reims, ne daigna pas même visiter l'exposition publique des produits industriels qui eut lieu dans cette ville à la même époque? L'Ambassadeur ordinaire d'Angleterre et l'Envoyé extraordinaire de cette puissance n'y manquèrent pas.

Que pouvait-on espérer du trop célèbre Villelle, *Law moderne* pour les conceptions et les déceptions financières, administrateur cauteleux et incertain, étranger à la connaissance de la terre et à la tactique des divers cabinets de l'Europe, dont il fut toujours la dupe ou le complice?

Le Gouvernement anglais, qui entretient des agens *sur tous les points, et qui fait tout, sacrifie tout pour le Commerce*, fit, lors de l'exposition de Reims et de celle de Paris, empletter des échantillons de nos

(*) Le Tribunal de commerce, dont l'activité annonce toujours des choses fâcheuses, quelle qu'en puisse être la cause, versa, dans une seule année, près d'un million dans les caisses publiques : un président en félicita le roi Charles X!!!..

plus beaux produits; il fit prendre le plan des machines exposées, et débaucha bon nombre de nos ouvriers : c'était son devoir, et il s'en acquitta. Quant à nos *hommes d'état*, ils retombèrent dans leur apathie commerciale, et augmentèrent annuellement le budget, chose que je m'étais permis de pronostiquer dès le 20 janvier 1825, par ma Pétition à la Chambre des Députés.

Peu après l'exposition de 1827, un *homme d'état*, d'une espèce toute différente de celle qui nous gouverna sous les deux Restaurations, M. *Huskisson*, vint à Paris, chargé, disait-on, de négocier un traité de commerce avec la France. J'ignore s'il fut compris par nos ministres; rien d'ostensible ne fut arrêté : il y eut des *on dit*. Ils parvinrent sans doute jusqu'à vous, Monsieur, et quelque chose m'en vint aux oreilles; mais je n'en dirai mot ici; je craindrais de paraître par trop hérétique en opinions commerciales. Cependant je crois qu'on pourrait faire un tel traité avec l'Angleterre: le monde est assez grand pour que chaque peuple y trouve des moyens d'échanges et de prospérité.

Les années 1828 et 1829 furent encore plus désastreuses pour le Commerce que toutes les précédentes : un grand nombre d'armateurs désarma; d'autres, plus nombreux et naguère riches de plusieurs millions, furent complètement ruinés. Il en fut de même des établissemens manufacturiers; les plus célèbres, les mieux régis s'arrêtèrent avec ou avant la ruine de leurs chefs : Mulhouse fit un emprunt considérable sur dépôt de marchandises et restreignit ses travaux. Il en fut de même à *Vire*, *Louviers*, *Amiens*, *Lille*, *Reims*, *Sedan*, *Tarrare*, *Lyon*, *Bordeaux*, *Havre*, *Paris*, et en tant d'autres villes : des milliers de faillites, amiables ou judiciaires, eurent de nouveau lieu par toute la France.

D'autres armateurs, négocians ou industriels, se soutenaient, au commencement de 1830, au moyen de revirement de papier ou de marchandises. Cette marche pouvait prolonger leur crédit et leur existence éphémère encore une ou deux années, pour tomber ensuite comme d'autres avaient précédemment fait; mais notre glorieuse révolution arrêta tous les reviremens, et ceux qui étaient blessés depuis long-temps, ceux qui marchaient ou vivaient au moyen de *faux-semblant* d'opérations réelles, durent amener pavillon : la liste en est longue, très-longue, Monsieur; mais elle n'est que la sept ou huitième série d'évènemens semblables que nous devons aux deux Restaurations. Pas un de ceux qui ont sombré depuis le 1.er août dernier n'était intact à cette époque; les blessures dataient de loin, chacun le sait. Les départemens que vous venez de parcourir sont, Monsieur, au nombre des plus laborieux, des mieux cultivés, des plus fertiles comme des plus instruits et des plus riches de la France; cependant ils connaissent les souffrances, et elles datent de quinze ans, comme l'a dit le Commerce de Strasbourg à NOTRE ROI.

A l'exception des départemens du *Nord*, du *Pas-de-Calais*, de l'*Aisne*, de la *Haute-Garonne* et du *Gard*, que vous administrâtes, Monsieur, d'une manière si juste et si énergique dans des temps difficiles, il en est de même du reste de la France : des villes n'ont plus de fabriques, et des ports n'ont plus de mouvement. Le retour des expéditions parties depuis notre glorieuse Révolution et ceux de la grande pêche donneront sans doute des bénéfices; mais, en attendant cette époque, Dunkerque, Boulogne, Saint-Malo, Nantes, La Rochelle et Bayonne (*), ne sont animés que par le cabotage, et quelques navires pour le Brésil, le Mexique, nos Antilles et Bourbon; mais peu ou point pour l'Inde et l'Asie : ces places sont, aujourd'hui, beaucoup plus malheureuses qu'à l'époque où je signalais leur chute, pages 10 à 14 du Prospectus de ma nationale Entreprise, 6 novembre, année 1824.

Quant à Marseille, dont alors, dans le même écrit, j'indiquais déjà la décadence, elle n'a fait que péricliter de plus en plus; son port présente, depuis plusieurs années, un contraste frappant d'activité et d'inertie : un quai de cette ville est l'image de la vie; l'autre, celle de la mort; le premier est très-animé par des navires venant de tous les points du globe : mais ces navires sont étrangers; ils s'affranchissent de

(*) Je ne parle pas de Havre, Rouen et Dieppe, parce que vous venez, Monsieur, d'y passer.

toutes dépenses locales, en apportant leurs provisions de bord et leurs objets de rechange ; le salaire de leurs matelots est la moitié de celui que nous sommes forcés de payer aux nôtres, et la protection du tarif des douanes est devenue tout-à-fait impuissante contre la navigation des étrangers, depuis la réduction de leur .fret à moitié prix de celui par navire français. C'est ainsi que l'immense mouvement des huiles s'opère, des ports d'Italie à Nice, par les étrangers, et se borne, pour notre marine, à l'emploi de quelques caboteurs de Nice à Marseille.

Le Commerce de nos colonies occupe encore moins de navires à Marseille que dans les ports de Havre, Saint-Malo, Nantes et Bordeaux : on peut évaluer la totalité à une douzaine de navire d'élite ; mais ceux de moyenne et de petite portée, de 100 à 200 tonneaux, ne trouvent plus d'emploi, et gisent désarmés, serrés sur un triple rang, au nombre de plus de deux cents, attestant l'incurie des ministres de la Restauration.

Forcée par des pertes successives à renoncer aux expéditions lointaines, la marine de Marseille pouvait espérer de conserver au-moins sa part naturelle des voyages du Levant, du cabotage de l'Italie et de l'Espagne : la navigation de la Méditerranée semble devoir être son domaine ; mais les étrangers la lui ravissent ; nos règlemens maritimes favorisent même en quelque sorte leur supériorité sur nous, et le Gouvernement déchu montra une telle partialité à leur égard, que, pour une différence de deux à trois fr. par tonneau, ce furent eux, sauf quelques navires de Marseille, qui, au nombre de plus de deux cents, eurent la préférence dans l'expédition d'Alger. Quelle politique! Quelle habileté avaient les *hommes d'état* de la Restauration! s'ils eussent continué à administrer la France encore deux années, notre marine marchande eût été bientôt de pair avec celle de l'Espagne ! ! ! . . .

Les grands et petits ports de mer, ceux des fleuves et rivières, les grandes et petites manufactures, sont tous dans un état de souffrance malheureusement trop réel.

Cependant, Monsieur, il y aura incessamment une réaction favorable ; le besoin des consommateurs la fera naître, et elle portera, comme je le pense, tous les producteurs à reprendre leurs entreprises et leurs travaux ;

mais, les premiers besoins satisfaits, le Commerce, à mon avis, retombera dans un état de marasme, dont il ne peut définitivement sortir que par l'adoption d'un système tout différent de celui qui nous régit.

La loi du 17 octobre 1830 eut pour but d'aider et de soutenir le Commerce et l'industrie; elle a ménagé quelques intérêts particuliers, et des désastres ont été évités. Mais la somme était bien insuffisante pour parer à tous les besoins : tous n'ont pas reçu, et tous ne pouvaient pas recevoir; le trésor national tout entier n'y eût pas suffi. D'ailleurs, Monsieur, ceux qui ont déposé leurs marchandises contre ce prêt légal, ont continué à travailler, à fabriquer, et la masse des marchandises de toute nature s'est augmentée d'autant. Ce n'est pas le tout de faire et de produire : le principal, le positif, l'absolu, c'est la consommation; il faut la chercher de près, au loin, la provoquer par des agens habiles, l'appeler chez nous, y attirer les étrangers, les affaires; et le moyen que j'ai proposé, sur lequel je vous prie, Monsieur, d'appliquer vos méditations, ferait beaucoup plus sur la prospérité commerciale, que la loi du 17 octobre, et ne coûterait rien à l'État.

Je pense aussi, Monsieur, que le tarif des douanes doit être revisé en entier. J'avais entrepris cet œuvre, ainsi qu'un autre de bien plus haute portée, et dont vous pouvez voir l'annonce page 7 de ma Pétition à la Chambre des Députés, 20 janvier 1825, sous le titre : *De la France dans ses Rapports commerciaux avec le Monde, de chacun de ses Ports en particulier, et de la Critique raisonnée, article par article, du Tarif général des Douanes.* Mais, Monsieur, cet ouvrage fut interrompu; car, rentré en 1825, et pour la troisième fois, dans l'adversité depuis la Restauration (*), je dus créer une nouvelle existence, un nouvel avenir à ma famille : un ami m'en facilita les moyens; je suis de nouveau en état de prospérité relative, comme en position de pouvoir donner un ou deux jours par semaine à quelque chose qui serait utile à notre chère Patrie.

Mais reprendre et finir mon ouvrage comme je l'avais conçu

(*) Un honnête homme en faveur à la cour, et que j'avais connu à l'étranger, me demanda itérativement, dans le courant de l'été 1825, quelques notes dont il

serait beaucoup trop long, et des discussions peuvent y suppléer; je puis, Monsieur, raisonner sur le Commerce en général, spécialement sur celui de toutes les matières premières commercées de la terre; je crois les connaître : on le sait généralement, et si le Gouvernement, si vous, Monsieur, comme ministre spécial, voulez faire reviser le tarif des douanes, je viens vous offrir de concourir à cette opération.

Notez, je vous prie, Monsieur, que je ne demande aucune place, aucun salaire : servir la France est mon plus grand bonheur; je l'ai savouré plus d'une fois, et la Patrie n'est d'ailleurs que ma famille agrandie.

J'ai, Monsieur, parlé de collèges de Commerce, et dit qu'ils seraient à

---

pût tirer parti pour éclairer certains esprits. Croyant faire un acte de patriotisme, je cédai à ses désirs, et le 25 septembre, je lui remis un manuscrit dont je possède copie, portant pour épigraphe :

Les ministres de Louis XV creusèrent la tombe de Louis XVI; les ministres de Charles X préparent de grandes tribulations pour ce prince, et d'effroyables catastrophes pour Louis XIX.

Mais cet écrit fut connu de ceux qui devaient toujours en ignorer l'existence; dès-lors, moi et mon établissement nous fûmes le but de machinations, peut-être sans exemple envers un simple citoyen. Mon commis principal, fils d'un banquier assez célèbre, fut gagné; il se prêta à tout ce qu'il y a de honteux : ma correspondance fut connue, mes spéculations, mes rentrées dérangées et détournées. Après avoir dix fois refusé d'être remboursé, ce même banquier, dirigé par une *grande influence*, me constitua *ex-abrupto* en état de faillite. On voulait me forcer à l'expatriation, et les accusations les plus absurdes comme les plus fortes furent élevées contre moi : deux années *d'enquêtes rigoureuses* faites dans toute la France témoignèrent de la manière la plus honorable en ma faveur; mais je ne puis pas me permettre d'en rapporter ici les expressions. Monsieur Barthe, ministre actuel de la justice, qui connut *cette singulière affaire*, pourra vous dire, Monsieur, que, pendant les quatre longues audiences de jour et de nuit tenues par la Cour royale de Paris, chambre correctionnelle, les 7, 15 et 22 mars 1827, les honneurs furent pour moi et la honte pour mes accusateurs.

Dans un besoin d'argent, j'avais consigné sur place pour 50 mille francs de marchandises sur facture, acquittée; ces opérations étaient journalières dans le Commerce, mais la loi d'alors les défendait : je fus donc condamné à un mois de prison. Depuis lors, Monsieur, la loi du 8 septembre 1830 m'a innocenté, et a permis ce qui était défendu !!!......

la prospérité de la France plus que ne l'a été et ne l'est encore l'école Polytechnique aux sciences exactes. Cette institution rentrerait peut-être dans le ministère de l'Instruction publique; mais le vôtre ne peut pas y être étranger. Je vous prie donc, Monsieur, de méditer cette autre proposition; je crois qu'elle mérite la sérieuse attention du Gouvernement : rien n'existe de convenable en France à cet égard. L'*école spéciale* de la rue Saint-Antoine, à Paris, a peu ou point produit; c'est à Rouen, à Bordeaux, à Marseille et au Havre, qu'il faut étudier à fond la science qui enrichit les hommes, les empires, et améliore le genre humain; les peuples commerciaux comme les agriculteurs furent toujours plus économes, plus sages, plus heureux que les autres; les temps passés et présens en offrent la preuve évidente, et du jour où les colléges de commerce seraient ouverts, une foule de jeunes gens oisifs, comme ceux qui se destinent *surabondamment* à la médecine et au barreau, viendraient étudier, puis augmenter la masse de nos connaissances industrielles, concourir à la prospérité de leur Patrie, comme à la plus grande aisance et au bonheur des hommes en général.

Le Commerce est aujourd'hui le premier des intérêts sociaux; la paix, le bonheur des Empires sont attachés à sa prospérité. Mais les études qu'il exige, mais la science qui le constitue et l'établit sont négligées en France, et si sous ce rapport nous sommes plus instruits que les Espagnols, les Portugais, les Italiens, les Grecs et les Turcs, nous le sommes en général moins, beaucoup moins que les Anglais, les Hollandais, les Allemands, les Suisses, sans compter les Américains : c'est une vérité pénible à dire, mais exacte.

Les écoles d'agriculture, sur lesquelles je reviens, seraient, si le Gouvernement en adoptait la formation, dans les attributs du ministre de l'instruction publique. Mais le Commerce, frère de l'Agriculture ou son facteur, est, Monsieur, sous votre direction; il vit et s'enrichit par les travaux de sa sœur. Je vous demanderai donc la permission de dire quelques mots de cette dernière, pour terminer ensuite par l'examen de l'ordonnance, 29 avril dernier, sur le transit des marchandises prohibées.

La France est loin d'être cultivée comme elle peut et comme elle devrait l'être. Il y a certainement des améliorations en ce genre depuis dix années; mais que sont-elles en comparaison de celles de certains peuples?

La Flandre, une partie de l'Artois et de la Normandie, l'Anjou, la Touraine, la Beauce, l'Orléanais, la Limagne, l'Angoumois, le Béarn, le Languedoc, le Dauphiné, l'Alsace et la Bourgogne, la Lorraine, l'Ile-de-France et la Brie, c'est la belle France, et elle produit surabondamment; mais, sans citer le Piémont, le Parmesan, la Lombardie et le Véronais, placés sur nos latitudes, ces parties de notre France ne sont pas cultivées comme le sont généralement les rives de l'Elbe et du Rhin, la Moravie, la Belgique et l'Angleterre. Le sol de cette dernière contrée est médiocre et ingrat, son climat est brumeux, froid et venteux; cependant, Monsieur, ses récoltes sont relativement plus belles, plus productives que les nôtres, et l'agriculture constitue une des gloires de l'empire britannique.

La Picardie, le Maine, le Poitou, la Guyenne, la Provence, le Lyonnais, la Franche-Comté, le Bourbonnais, le Nivernois et la Champagne, sont moins bien cultivés que la Silésie et la Hollande : la première de ces contrées n'a cependant qu'un sol sablonneux, amélioré par de constans efforts; tandis que l'autre arrache chaque année son sol des eaux.

Les Ardennes, l'Auvergne, excepté la Limagne, le Périgord et le Limousin, sont misérablement cultivés. Le Berry, les Landes sont, avec la généralité de la Bretagne, la honte agricole de la France, et la misère avec l'ignorance y dévorent la masse des habitans. Cependant, Monsieur, le climat, le sol de ces provinces sont meilleurs que ceux de la Suisse et de la Savoie; mais ces dernières cultivent mieux et récoltent plus.

La France produit trop, a dit M. *Syriès de Mayrinhac*, *ex-directeur des Haras, de l'Agriculture et du Commerce*. Cela est vrai sous le rapport de certains orateurs, et non pas sous celui des bêtes utiles, chevaux, bœufs, moutons, qu'à notre grande honte nous achetons des

Belges, des Allemands et des Suisses. Ce n'est pas plus vrai pour l'agriculture; car s'il y a chez nous des terrains sans culture en trop grand nombre, il y a aussi, depuis long-temps, des gens sans pain et quelquefois sans travail. Vos ordonnances en faveur de la compagnie de dessèchement contribueront bientôt, Monsieur, à diminuer le nombre des uns et des autres : sous ce rapport seul, vous avez, en peu de mois, fait plus que tous les ministres de la Restauration.

Mais, comme les établissemens de Roville, de Grignon, et celui tout récemment fondé près de Nantes par une société de négocians, ne peuvent pas assez promptement seconder vos efforts, je crois, Monsieur, que la formation de trois écoles d'agriculture, dans le centre du Berry, des Landes et de la Bretagne, détruirait bientôt des routines et des préjugés fâcheux.

Passant, Monsieur, à l'*examen de l'ordonnance du* 29 *avril dernier, sur le transit*, tout commerçant et tout français doit en remercier le Gouvernement. L'article 1.er, § I.er, accorde ce que je demandai il y a treize années au Gouvernement déchu, et l'article 3, § II, va bientôt occasionner un mouvement prononcé, fructueux dans notre cabotage et notre roulage.

Celles des marchandises que nous prohibons à l'entrée, et que l'Angleterre fournit à l'Italie, à la Suisse, à l'Allemagne méridionale et orientale, n'iront plus à Anvers, à Ostende ni à Gênes; elles viendront chez nous, principalement à Calais, Boulogne, Havre, et, parcourant la France dans une partie de sa latitude, elles animeront le Commerce et le roulage, en augmentant la recette des impôts indirects.

Cette ordonnance est, Monsieur, le premier pas vers une amélioration dont le Commerce et l'État ont tant besoin; mais permettez-moi, je vous prie, de demander pourquoi cet acte est-il incomplet; pourquoi, admettant le transit des marchandises dites prohibées, refuser cette faculté à celles classées dans le tableau n.° 1?

Le principe du transit des marchandises prohibées est bon ou il est mauvais; s'il est bon, comme *j'en suis convaincu*, pourquoi donc le restreindre et en atténuer l'effet? La Suisse, l'Allemagne orientale et méridionale consomment beaucoup de tabac exotique; elles l'achettent à Hambourg, Amsterdam, Roterdam, Anvers; mais ces ports sont, chaque année, encombrés par les glaces, et les nôtres sont toujours abordables. Si le transit du tabac en feuilles était donc permis chez nous, l'Allemagne, la Suisse et autres voisins, l'achetteraient bientôt dans nos ports, où les producteurs américains l'apporteraient de préférence, avec économie de temps et d'argent : ce commerce est considérable, et il occasionnerait seul un mouvement marqué, *prépondérant*, au profit du Commerce, du roulage et de l'État.

Prohiber le transit des *huiles de poisson*, des *graisses*, des *mélasses*, des *beurres*, quand la loi du 17 mai 1826 admet le transit des huiles d'olives, est, à mon avis, une erreur complète. Notre pêche de la baleine ne peut pas suffire aux besoins de la Savoie, de la Suisse, d'une partie de l'Allemagne, et le transit des huiles de pêches étrangères ne nuirait pas plus à nos armemens, comme je l'ai dit les 6 mars 1818 et 20 janvier 1825, que le transit des huiles d'olives ne nuit à notre culture du midi. Il en est de même des mélasses; nos raffineries n'en produisant pas assez pour nos voisins et pour nous, c'est un contre-sens, une erreur d'en prohiber le transit. Le même principe s'applique naturellement aux graisses, miels et beurres; la loi du 17 mai 1826, sur le transit des huiles d'olives, exige des formalités que j'ai indiquées le 6 mars 1818 : elle sont mises en pratique. Eh bien! Monsieur, qu'on en fasse l'application aux graisses, huiles de poissons, mélasses, miels et beurres; les caisses du fisc auront une garantie, et la fraude en deviendra impossible.

Interdire le transit des produits chimiques réclamés par ma Pétition, 6 mars 1818, est encore une erreur fatale à notre cabotage ainsi qu'à notre roulage. Nous produisons trop ou ne produisons pas assez de produits chimiques pour notre consommation : si nous produisons trop, ce que je nie, nous n'avons pas de concurrence à redouter, car nous vendrons malgré elle; mais si nous ne produisons pas assez, surtout en préparations plombagines, comme cela est vrai, je ne vois pas pourquoi, à défaut de produire par nous-mêmes, nous abandonnerions aux autres le cabotage, le factage et le transit de ce que nous ne produisons pas.

Les principes et raisonnemens précédens s'appliquent nécessairement aux *bitumes*. Nous en produisons peu ou point; pourquoi donc ne pas prêter notre territoire pour leur circulation? Quant aux *couleurs et vernis*, composés avec des esprits ou huiles essentielles, avec des gommes, des résines exotiques, frappés chez nous de droits élevés, sans aucun *drawbach* ou restitution de droits à leur sortie, s'opposer à leur transit, c'est dire à nos caboteurs, à nos négocians des ports, à nos droguistes, marchands de couleurs, à notre roulage : Voici des marchandises qui, au moyen des précautions appliquées au transit des huiles d'olives, vous donneraient du travail et du profit ainsi qu'à l'État; mais il n'en sera rien!!!...

Prohiber le transit des sucres raffinés, c'est renoncer bénévolement à un grand mouvement de cabotage, de roulage, et à une augmentation dans les impôts indirects. Notre commerce, nos colonies, notre culture de betteraves, sont loin, très-loin, quand nous sommes approvisionnés, et malgré le *drawbach* accordé à nos raffineries, de pouvoir suffire aux besoins de la Savoie, de la Suisse et des Allemands nos voisins : ces peuples achettent en Angleterre, en Hollande, en Belgique, le sucre qu'ils ne trouvent pas chez nous. Pourquoi donc, Monsieur, au-lieu de voir ces sucres transiter par le Rhin, dont la navigation est assez chère et ne manque pas d'entraves naturelles et politiques, pourquoi donc ne leur prêterions-nous pas notre territoire? Ce serait cependant un principe résultant de l'ordonnance du 29 avril. Mais la fraude, dira-t-on. A cela je répondrai : Compter les pains de sucre, désigner leur forme, leur qualité, leur poids commun et la couleur de leur enveloppe; cacheter, dans une petite caisse à part, deux autres pains par *colis*, pour servir de comparaison au bureau de sortie; mesurer, cuber ces mêmes colis, en mentionnant le tout sur les acquits-à-caution, serait ôter au fraudeur le plus habile tout moyen de soustraction ou de substitution. Ces mesures dérivent tout naturellement de la loi du 17 mai 1826, *transit* article 12, et furent indiquées par moi au Gouvernement dès le 6 mars 1818. On pourrait, Monsieur, avec des mesures à-peu-près semblables, et de grandes pénalités pécuniaires en cas de fraude, faire transiter les *voitures*, la *chicorée*, et autres articles auxquels l'ordonnance du 29 avril n'accorde pas cette faculté. Je crois enfin qu'en désignant la couleur, la taille, la longueur, et toute la dimension des animaux vivans, sur les acquits-à-caution, ils pourraient transiter eux-mêmes.

Le ministère *Canning* et *Huskisson* proposa, le 25 mars 1825, au Parlement britannique, l'adoption d'un principe, contre-partie de ma proposition, 20 janvier de la même année; il fut adopté. Depuis cette époque, l'Angleterre, qui s'en trouve bien, admet à l'entrepôt, à la réexportation et à la consommation, moyennant des droits d'entrée, toutes les marchandises fabriquées ou non. Ainsi, au moyen de cette mesure, les nombreux étrangers que le commerce attire en Angleterre, trouvent à y acheter, outre les produits nationaux, ceux de tous les autres peuples.

Notre système ne peut pas être le même; mais, Monsieur, *admettre à la consommation, sans paiement de droits, par navire français jaugeant au-moins cent tonneaux, toutes les matières premières de la terre, étrangères à notre sol et à celui de nos colonies;* mais un *transit* large, sans restriction aucune, accompagné de mesures de garantie et de répression, sont des moyens de prospérités commerciales immense dont l'effet serait immédiat, et bien autrement producteurs pour le trésor que le système de la Restauration, enfant ignare et hermaphrodite de la République et de l'Empire.

Je termine, Monsieur; car ce serait à n'en plus finir sur le compte du Gouvernement déchu. Il trouva le Commerçe généralement riche; la première mesure de ce Gouvernement fut de l'appauvrir, et si cette tâche lui était imposée, il l'a parfaitement remplie. Avant la Restauration, nous n'avions pas le 3 pour cent, le 5 pour cent n'était pas à 105 francs comme sous le *décevant* VILLELLE; on ne jouait pas; on ne vendait pas encore ce qui était dans le sein de la terre et le secret de la nature; mais on commerçait, et les capitaux étaient répandus dans toute la France; ils aidaient le commerce et l'industrie. Depuis lors, ils ont été au secours de tous les Rois, de tous les Gouvernemens, de tous les papiers d'État; ils se sont agglomérés dans la capitale (*) et dans la caisse des banquiers cosmopolites.

Je n'ai pas traité la question des colonies, ni celle des fers, parce que l'une et l'autre se rattachent à la révision du tarif; quant à celle des vins, sur laquelle on a beaucoup dit, je crois, Monsieur, que nos rapports extérieurs à cet égard ne sont pas toujours en harmonie avec l'intérêt des peuples qui nous les emplettent, et c'est un mal; car toutes transactions commerciales doivent être réciproquement avantageuses, sans quoi elles cessent.

Je crois aussi que tous nos producteurs n'ont pas observé que la vigne a envahi des terrains généreux, bas, humides même, que la nature semble avoir destinés à une autre culture : nous avons presque toujours trop de vin; nous achetons souvent des blés, des chevaux, du bétail; mais des instructions répandues chez nos agriculteurs, par le

(*) La trop grande agglomération du numéraire dans la capitale ou sur un point quelconque nuit singulièrement à l'agriculture et à l'industrie. La spéculation des rentes forme ou soutient le crédit public, et sert l'État, tant que ce sont les grands capitalistes qui s'occupent de ce genre d'opération. Tout le contraire arrive quand les quatrième, cinquième et autres classes inférieures en richesse veulent imiter les chefs de la finance, avec lesquels il leur est bien impossible de lutter malgré toutes les ventes ou hypothèques de propriétés et de marchandises. Ces petites ou moyennes fortunes finissent tôt ou tard par se fondre au terrible jeu de la bourse, et deviennent la part d'un petit nombre. Mais ces jeux, qui mettent plusieurs milliards de rentes en mouvement chaque année dans Paris, que font-ils pour l'agriculture, le Commerce et le trésor public? Moins, bien moins que les armemens d'un Balguerie, ou les fabriques d'un Ternaux. Si l'on ajoute ce qui se joue à Naples, Vienne, Augsbourg, Francfort, Amsterdam, Anvers et Londres, l'imagination sera effrayée des catastrophes qu'un seul évènement pourrait amener. On peut nommer notre époque le siècle de la roulette. Il vaudrait mieux qu'il s'appelât le siècle du Commerce.

Cette note est prise page 19 du Prospectus de ma nationale Entreprise, 6 novembre 1824, et aujourd'hui, 18 juillet 1831, elle n'est pas hors de propos.

Gouvernement, peuvent, dans l'intérêt de tous, changer cet état de chose en quelques années.

Une ère nouvelle vient de s'ouvrir; l'agriculture, le Commerce, l'industrie, seront protégés, encouragés, et ils fleuriront sous le gouvernement d'un Roi honnête homme, patriote et éclairé. La tâche est laborieuse; mais une belle, une noble gloire y est attachée, et une grande part doit, Monsieur, en rejaillir sur vous.

J'ose espérer, Monsieur, que vous ne me traiterez pas de *fanatique commercial* comme je le fus par l'ancien Gouvernement; vous voudrez au-contraire accueillir mes propositions avec indulgence, et les méditer avant de les adopter ou de les rejeter.

Acteur presque toujours en scène depuis trente années dans le grand mouvement commercial, et les étrangers s'étant occupés de mes plans, il était impossible que je ne parlasse pas de moi; je l'ai sommairement fait, mais sous le rapport le moins favorable, afin, Monsieur, que personne ne pût vous rien dire sur mon compte que vous ne sachiez déjà. J'ai eu des envieux, des ennemis; ils me nuisirent plus peut-être que les évènemens politiques; mais mon courage, ma patience dans l'adversité, ont désarmé leur haine, et, malgré tout le mal qu'il m'ont fait, je leur ai depuis long-temps pardonné.

Négociant persécuté, époux, père, en état de détresse, j'ai plusieurs fois refusé de grands avantages pécuniaires qui m'étaient offerts par l'étranger : je préférai toujours la France aux richesses, la Patrie à tout : ces sentimens dictent seuls tout ce qui précède, et ils ne s'éteindront qu'avec ma vie.

J'ai l'honneur d'être, Monsieur le Ministre,

Votre très-repectueux serviteur,

Laîné,

Négociant-Droguiste.

Paris, 18 *Juillet* 1831.

www.ingramcontent.com/pod-product-compliance
Ingram Content Group UK Ltd.
Pitfield, Milton Keynes, MK11 3LW, UK
UKHW020401220726
13923UKWH00004B/1673